Manou Fines

Goldklingeln

Gedichte und Texte

Bibliografische Information der Deutschen Nationalbibliothek:

Die Deutsche Nationalbibliothek verzeichnet diese Publikation in der Deutschen Nationalbibliografie; detaillierte bibliografische Daten sind im Internet über http://dnb.dnb.de abrufbar.

Porträt der Autorin: KGS French Photography

Herstellung und Verlag: BoD – Books on Demand, Norderstedt

ISBN: 978-3-7568-5172-0

Inhalt

Vorwort

Die Gedichte und Texte in der vorliegenden Sammlung sind in dem Zeitraum von 2006 bis 2020 entstanden. Es scheint für meine Kunst zu stimmen, dass ich das Innen nicht ehrlich betrachten kann, wenn mein Blick zu sehr ins Außen gerichtet ist. Damals scheinbar zusammenhangslos niedergeschrieben, kann ich erst jetzt, lange Zeit nach dem Entstehen der Gedichte und Texte, Kontinuität in mein vielfältiges Schreiben bringen; die Gedanken und Gefühle im Schriftkörper erklingen lassen, sie loslassen, auf dass ihre Melodie andere Ohren und Herzen erreicht.

Wenn man schreibt, hält man etwas fest und lässt es doch gleichzeitig los: Die Schrift lebt im Außen fort, die Bedeutung ihrer Worte macht sich auf die Reise, wird durch andere Augen (wieder)belebt.

Ich wünsche mir, dass *Goldklingeln* der Leserin eine erhebende und meditative Lektüre beschert, sie in neuen Gedanken tanzen, schwelgen und wandeln lässt.

Manou Fines, Januar 2023

01

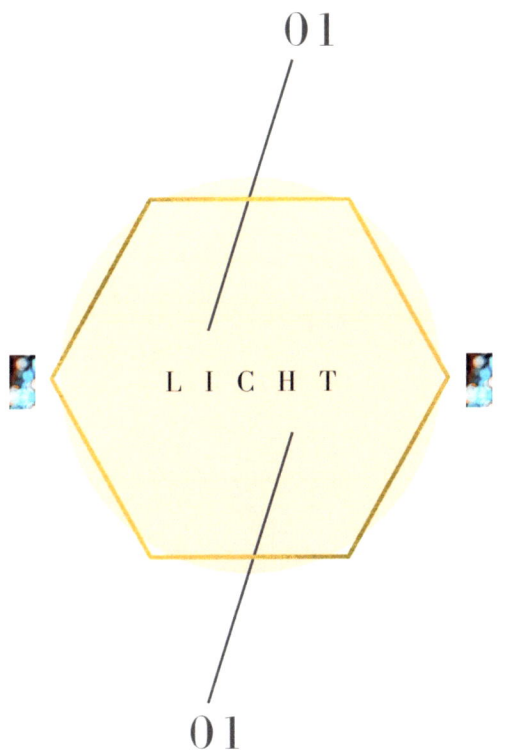

L I C H T

01

Mondkind

Mein Mondkind.
Dünne, bleiche Haut
und roter Mund
aus zerbrechlichem
Grund.

Verwandter,
der die nächtliche
Blässe kennt,
den keine Sonne
wärmen kann,
den man als weißen
Stern im Schwarz
erkennt:
Du bist mein
Mondmann.

Mein Mondsohn,
deine edle Haut
unter braunen Flecken,
die das Pulsieren
der Adern bedecken.
Alle Farben können
verstecken.

Mein Bruder des Bedürfnisses,
die Blässe ist uns gewiss
und die dunklen Ränder
unter den strahlenden Augen;
die Faszination der Anderen,
wenn sie unseren
Gesang vernehmen. -
Wann darf ich meinen
Mann mitnehmen?

Komm mit mir geschwind!
Du hast sonst keine Schwester!
Wir sind aus einem Holz,
wir sind aus einem Stern,
wir sind ganz gewiss vom Mond!
Wer dort noch so wohnt?
Haben wir noch mehr Brüder
und Schwestern?
Oder sehen wir Gespenster?
Wer steht nachts mit glühenden
Augen am Fenster?

Wir reflektieren und scheinen,
lachen still und seufzen laut.
Wärme haben wir keine,
nur ein einsames Herz,
das unter keiner Sonne taut.

Wir haben ein Herz,
Mondbruder.
Wir kennen Liebe,
wir brauchen keine
anderen Augenpaare,
die an uns haften.
Wir brauchen keine
Gestalten, die wie Haare
unsere Haut umgarnen.
Wir brauchen keine
geliehenen Tage und
gebrauchten Lieben.
Du hast ein Herz, Bruder.

Ich bin weiß und habe
keine Farbe.
Ich bin alleine und habe
keine Liebe.
Ich lebe am Tag und habe
keinen Mondvater.

Ich sehne mich nach
meinem Mondvater,
nach dem Mann,
der uns sandte
unter seiner
Liebe zu leben
und zu seiner
Sonne schickte.

Mondbruder, wann?
Wann kehren wir zurück?
Wer hat unsere Welt verrückt?
Keine Sonne kann uns lieben,
kein Strahlen kann uns wärmen,
unser Geschrei wird ewig lärmen.

Mondvater! Erlöse deine Kinder,
erzwinge den Heiligen Frieden
und nimm uns zu dir zurück!
Keiner hier bringt uns Glück.
Wir sind Silhouetten und Schatten
und haben Augen, die ermatten
bei all den trägen Gesprächen
und vorsichtigen Konversationen.
Wer will auf der Erde wohnen?

Mondbruder, fasse den Mut
und sprich mich endlich an.
Ich bin es, die dich nach Hause
bringen kann.
Ich werde es tun,
so schnell ich kann.
Werde heute noch mein Mann.

Weiß wie Schnee, rot wie Blut
Und schwarz wie Erz.
Komm zu mir.
Küsse meinen Seelenschmerz,
und halte unser gläsernes Herz
für ein Wir.

Das Sommerhaus

Ein Sommerhaus am Strand.
Dort war es, wo ich dich fand.
Du seltener Stein.
Du wundersamer Kristall.
Du maskengleicher Schatten
auf all den Körnern.
Deine Dornen waren so fein,
dass ich dir verfiel,
mir in deiner spektralen
Reflexion gefiel,
in deine spitzen Kanten fiel.

Eine Palme im Nirgendwo,
ihre Früchte kalt und roh,
schmeckten mir im roten Schein.
In unserem Sein,
irgendwo im Nirgendwo,
hören Vögel Steine singen
und Menschen krebsende
Scheren klingen.

Ich nahm dich an die Hand
und schnitt sie mir beide auf,
legte Palmenblätter drauf,
flüsterte leise in deinen Lauf:
„Gib's auf, ich habe
dich für immer."

„Was ist ‚immer'?",
fragtest du mich,
mein kleiner Stein.
Ich sagte: „‚Immer' ist ein Wort,
bei dem die Kolibris
anfangen zu weinen.

‚Immer' ist Anfang
und Ende
in einem.
‚Immer' ist Blut
in klarem Wasser
verteilen
bis es nicht mehr ist,
bis man es vergisst,
bis der Revolver
seine Kugeln frisst."

„Ich will kein Immer,
ich will kein Jetzt!
Mein Herz ist weg
und sein Platz ist besetzt!
Ich will sonnige Wärme in der Nacht,
zarte Tautropfen am Nachmittag!
Ich will, dass kein Meer an mir nagt
und Sonne und Mond
miteinander tanzen sehen!",
hörte ich deine Stimme wehen.

Rasender Wind vom
Meer gekommen,
rote Rinnsale auf meinem
Körper verschwommen,
starke Worte von einem
Diamanten vernommen
können mir nichts tun
an meinem Palmenstrand,
an dem ich dich fand.

Wirbelstürme meines Geists
warten still – vereist,
stehen still – entgleist,
rufen mich still herbei:
„Komm zurück, schöne Frau!
An deinem Herzen sehen wir Tau,
deine Stimme ist nicht mehr rau,
lass ihn fallen!
Dein Stein ist grau!"

Ob ich euch vertrau'?
Welche Sicherheit hat mein Bau?
Denn mein Blut,
das hat kein Wasser mehr.
Und mein Atem,
der ist so leer.
Mein Revolver,
der hat keine Wehr
und die Luft von leeren Läufen
ist so schwer.
Wie ein Fels
im tobenden Meer.

Aber wer sagt wer?
Wer sagt wer ist leer
vom rastlosen Meer?
Mein Blut ist mit
den Gezeiten weg.
Die weite Flur
hat der Sonne und
Mondes Liebesnacht
entdeckt.
Deren Uhr hatte mein Herz
die ganze Zeit
versteckt.

Leidende Einsamkeit
im Schatten der
Palmenblätter ertränkt
und eine Seele heilt
zutiefst gekränkt
von schießenden Handlungen
ohne klare Umrandungen
eines Steins, der mal sticht
und sich funkelnd rächt.

Eine große Illusion bist auch du,
mein sonderbarster Fund.
Du kommst zur Ruh',
liegst in rot
leuchtenden Händen,
schaust zu zwei Wesen:
Die tanzen im Verbund.

Bei der türkisfarbenen See,
dem einstigen Diamanten
und der einsamen Palme im Nirgendwo:
Da ist jede Liebe roh.
Da sterben tausend Herzen
einfach so.
Da brennt ein Ozean
lichterloh.

Ein neuer Ozean
zwischen dir und mir
brennt und das Licht,
das leuchtet mir hier.
Ich sterbe lebend,
tauche ein in
Flammen und See;
mein neuer Weg,
den ich fühlend geh'.

Die Malerin

Blaue Augen brennen
Wolken in mein Herz.
Blonde Haare umrahmen
dein Gemälde von einem Gesicht.

Oh, mein Mann ist geisterhaft!
Er ist nicht da für mich
und gibt mir Kraft.
Mein Gemälde von deinem Gesicht.

Bitte verlier mich nicht.
Nicht verlieren in deinem Schein.
Darf ich mit dir zusammen sein?
Bitte seh' mich nicht.

Wenn du mich siehst,
weißt du, dass du mich kriegst.
Und eine Farbe in einem Gemälde
ist schnell verloren.

Ich bin eine ganze Frau
und habe dich auserkoren.
Ich bin die Malerin deines Gesichts:
Mich sieht man nun mal nicht.

Nach den Sternen greifen

Ich greife nach den Sternen,
gehen wir ins Licht.
Auch wenn du mich hier anschaust,
du siehst mich einfach nicht.

Deine Liebe geht und kommt
wie der wilde Wind.
So leise ich auch weine,
sie bringt kein liebes Kind.

Sie öffnet meine Wunden
immerfort und dort,
lässt mich drehen in
Runden an demselben
Ort.

Hörst du meinen Klang
in der Nebelwand echoen?
Heute ist er für dich
ein leerer, hohler Ton?

Meine Tränen trocknen
und würzen meine Haut.
Ihre Wünsche weinen
in meinen Zellen laut.

Welchen Wert hat deine Liebe,
wenn ich wie jede andere bin?
Deine Hände sind wie Diebe
und suchen keinen Sinn.

Zu schnell drückte ich mein
Herz in deine Fläche rein.
Es pumpte groß und gütig,
in deine Bahnen klein.

So krümmten wir uns in
Schmerzen und ließen
uns allein.
Die Leere liegt auf der
Lauer und will zu mir
hinein.

Sag mir, meine Brise,
wohin ging dein letzter Kuss?
Wovor hast du Angst, wenn
du hörst ein Muss?

Ich brauche einen warmen
Strom, der mich um-
gleiten tut.
Ich brauche Liebe, Halt
und großen, wilden Mut.

Strom der Nacht

Ein Strom der Nacht fährt
durch mich hindurch.
Ganz nah die Sterne,
helfen - fliegen - fühlen.
Klettere auf
einen Mammutbaum
und springe:
Schwebe!
Sehe durch ein
Kaleidoskop
reflektierte
Regenbogenfarben.

Bin blau, so blau,
dann rot, gelb und grün!
Alles pink!
Zeit zu tanzen, zur Musik,
die uns durchlässig macht.
Ein Passat des Glücks durch-
gleitet mein Herz und
währt ewig.

Bin high, bin glücklich!
Jetzt und immer!
Nie und morgen!
Tanzen, drehen, küssen,
lachen bis ich
nicht mehr bin,
kichern bis alles
verschwimmt
in einer Wolke voll
Glückseligkeit,
einem Schmetterlings-
schwarm der Einigkeit!
Meine flatternden Freunde
tragen mich in den Himmel.

Ich bin da,
war immer da,
werde immer da sein.
Nie wieder auf-
hören zu träumen.
Leichter Rausch in
meinem Kopf,
lebendige Beweglichkeit
meiner Gedanken,
meines Körpers,
meiner Sinne!

Wer meine Leidenschaft
führen will, ist verloren
in dieser Sphäre der Illusion.
Niemand kann besitzen.
Bin überall und immer das,
was man sorglos nennt;
sehe Schneeflocken im Sommer,
Gänseblümchen im Winter;
sehe alles, was ihr
nicht sehen könnt;
nichts, was ihr mir zeigt.

Mein Geist ist offen
und klar; das Herz
geschmückt mit Pailletten.
Fantasie und Wirklichkeit
verschmelzen zu einer
schillernden Discokugel.
Kein Ende, kein Anfang
in unserer Welt.
Meine Seele ist heil,
mir ist gut!

Figuren der Nacht
lieben mich,
reichen mir die Hand,
schaukeln mit mir
auf rosafarbenen Federboas.
Vom Himmel regnen
glitzernde Diademe
und goldene Sterne!
Violette Tüllbänder um-
schlingen meinen Körper:
Ich stehe in der Luft!

Süße Worte,
bezaubernde Augen sehen
mich an und durch
mich hindurch.
Springe in die Arme aller,
auf den Grund unserer
langen Nacht.
Angekommene Musik
dringt in
meine Ohren,
erfüllt meinen Geist.

Singen, lachen, tanzen,
schlafen in meinem Herzen!
Frei sind wir!
Losgesagt vom Morgen!
Farbdurchdrungen,
leuchtend ist
der Strom der Nacht!

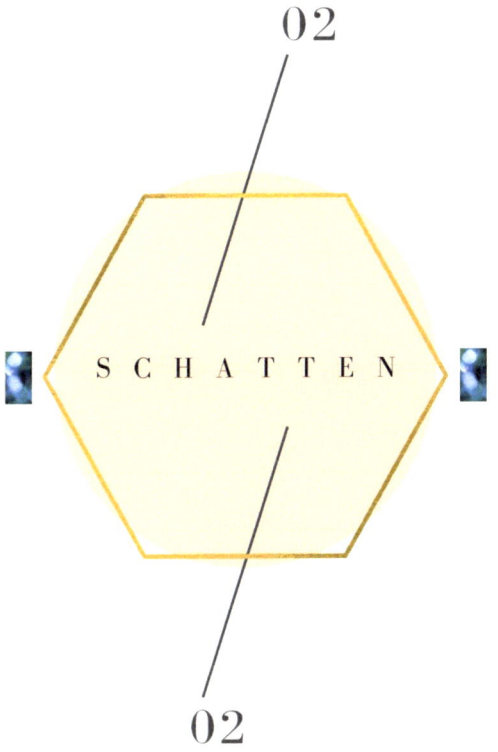

02

S C H A T T E N

02

Komm herein

Wahnsinnige Vorstellungen
im Mondschein
haben aufgehört sich
auf mich zu reimen.

Langsamer Takt stellt
sich tagaus tagein
in den Türrahmen
meiner Tür hinein.

Schnelle Gedankenflut
kennt kein
weltliches
Verzagtsein.

Kennt kein Stop
und lautes Nein.
Kennt keine Wut
und bitterliches Weinen.

Tod meines Herzens

Was für eine Qual es ist mein Herz zu töten.
Welch' tragische Figur ist bloß der Mensch?
Nein, ich bin nicht so, wie ihr es wollt.
Kann nicht tanzen, wenn mein Boden rollt.

Er ist nicht gerade, nicht strukturiert;
die Walze, die meinen Himmel passiert.
Zerstörte Zuflucht und verlorener Grund
Eifern um Erkenntnis im Höllenschlund. -

Ein Widerhaken, ja, es ist ein Widerhaken,
der mein Fleisch durchbohrt.
Eine Rettung, ein Gefängnis, eine Ahnung
meiner unentrinnbaren Versagung.

Es tut weh, diese Kälte, dieser Schmerz!
Ich sehe ihn ganz rein:
Es ist der kalte Widerhaken:
Er sitzt in meiner Kammer.

Kann ich denn ohne Liebe sein?
Sie entflieht, oh ja, sie entflieht,
nach oben, wo der Haken ist!
Ich falle herzlos und ganz allein.

Eine schnelle Tiefe umringt mein Sein.
Eine kalte Angst stutzt mich klein.
Ein glühendes Herz hängt an einem Haken,
seine roten Tropfen auf meinem Laken.

Reinkarnation

Purpurfarben der Vogel,
den eine Nadel sticht.
Mein Gesicht im Schatten,
die Augen schwarz.
Leer sagen sie mir,
dass ich es war,
die die eigene Glut
mit roten Federn
erstickte,
Blut in Asche
verwandelte,
fahl verwirkte.

Vogel, singe!
Fliege durch Schmerzen
für einen Tropfen Leben
aus einem Nadelstich,
für weiße Seen in
meinem Herzen.
Unbefleckte Gewässer
treiben friedlich
und vergessen,
verdunsten im
Nebel der Zeit.

Ein Schrei ergießt
sich in violettem
Blut zu einem
einsamem Lied
des lebendigen Todes
meiner menschlichen
Befangenheit.
Flackernd fällt
fremde Lebenskraft
in mein Haar.
Flatterndes Gefieder
mit Blut durchtränkt.
Ungesehen der Verlust
meiner Existenz.
Angenommen die
sonderbare Farbe
seines Kleids.

Nur aus Mitleid tränkt
die Sonne die Erde rot:
Sie warnt die Nacht
vor hohlen Räumen;
weiß um der Illusion
in wilden Träumen.
Beleuchtet warm ihr
fehlendes Maß
bevor der Nachtvogel
sie fraß.

Vergesst mich

Vergesst mich.
Vergesst den schlechten Stein,
in den ihr alles tut.
Vergesst das Mädchen,
das man mit Strafe und Mitleid
übergießen kann.
Vergesst das Weinen und Schreien.
Vergesst meine Erfolge,
mit denen ihr euch schmückt.
Vergesst mich als Abbild
vom Mann.

Ich ging hinaus, um mir eine
Welt zu bauen.
Doch für euch war sie verrückt.
Holzscheite legtet ihr auf meinen Weg,
positioniertet sie auf meinem Pfad.
Dann starrtet ihr auf all die Stämme,
sagtet, dass es keine Wurzeln gab.

Wenn ich liebe,
wollt ihr sie wegbeißen
und wenn ich singe
mir die Zunge ausreißen.
Wenn ich lache,
ertragt ihr es nicht:
Ihr hasst mein fröhliches Gesicht!
Wenn ich rede,
verdreht ihr die Augen.
Niemand würde mir jemals glauben…

Bis ich laufe und viel weiter.
Hier ist kein Mädchen heiter.
Dort, da bin ich weder Heilige
noch Zauberin.
Da bin ich Seele in Gestalt.
Da bin ich ewig jung und gerne alt.

Viele Jahre sehe ich euch nicht.
Wachse gut und gehe sicher.
Einmal schaue ich zurück,
verstehe besser eure Sicht:
Kluge Mädchen bringen
zu viel Licht!
Stumme Mädchen gehören sich.
Am ganzen Körper
schüttelt's mich.
Vergesst mich!

Das Gänseblümchen

Schnell galoppierte das lila Pferd; ich saß fest im Duft von Lavendel und Bergamotte. Mein Pferd trug mich durch die Wälder und über die Felder. In den Bächen schwammen orangefarbene Fische mit blauen Augen und grünen Flossen. Wir sprangen über sie hinweg und begrüßten die außergewöhnlich schönen Wassertiere.

Plötzlich kreuzte ein pinkfarbener Hirsch unseren Weg. In seinem Maul hielt er ein Gänseblümchen. Die kleine Blume flüsterte immerfort: „Er liebt mich, er liebt mich nicht". Dabei sah der Hirsch sehr traurig aus. Ich stieg von meinem violetten Pferd ab, machte ein paar Schritte auf der warmen Erde und streichelte des Hirsches gelbes Geweih, als rote Tränen auf mein rosa Kleid tropften.

Das Gänseblümchen sagte mir leise und schlicht, dass der Hirsch nicht wüsste, ob man ihn liebte. Ich flüsterte dem Hirsch also ins Ohr, dass sich mein Herz in dem Moment geöffnet hat, als seine Tränen auf mein Kleid getropft sind. Er schaute mich demütig und dankbar an.

Selbst, wenn jedes Geschöpf auf dieser Welt ihm jede Art von Liebe verweigern würde, könnte ihm niemand diesen liebevollen Augenblick nehmen, als ich seine Verletzlichkeit gesehen habe, erklärte ich ihm fürsorglich. Dann schmiegte ich meine Wange ganz fest an die seine: „Schau her!", machte mich von ihm los und drehte mich im Sommerwind um mich selbst.

Seine roten Tränen sprangen von meinem Kleid auf die Wiese. Hinreißend zerbrechlicher Klatschmohn wuchs nun überall und der Hirsch lachte vergnügt, so dass das Gänseblümchen aus seinem Maul fiel.

Im Gras hielt es sich mit zwei Blütenblättern den Stiel und ächzte etwas geknickt, weil es wirklich lange im Maul des Hirsches gelegen hatte. Dann pflanzte es sich in die Erde, um weiterhin Hoffnung geben zu können, blickte kurz nach oben, man vernahm ein schüchternes „Ade" und das laute Geklapper des davon galoppierenden Hirsches.

Ich stieg wieder auf mein Pferd und wir schwebten hinfort durch beflügelnde Düfte. Am Horizont ging die grüne Abendsonne zwischen zwei weißen Bergen unter und am Himmel formierten farbenprächtige Paradiesvögel ein übermäßig großes Auge. Ich schaute hinein und streichelte meinem Pferd durch die Mähne, umschlang seinen Hals, hauchte ein „Wir sind frei" und richtete mich wieder auf.

Die Lufttiere zerstreuten sich am Horizont. Beide Arme in die Luft geworfen, rief ich kraftvoll: „Freiheit!" Sie hallte durch das ganze Land, durchfuhr die Gewässer, schüttelte die Sträucher und Äste, liebkoste die Blumen, echote in den Tälern, bis sie zart und geschmeidig zu mir zurückkam.

Ein bunter Kolibri nahm neben uns Platz und zwitscherte: „Rufende! Behalt sie in deinem Herzen, die Freiheit!", um wieder zurück in den warmen, würzigen Abend zu schwirren.

Wir folgten ihm mit melancholischem Blick, weil das Herz groß sein muss, viel größer als das kleine Vögelchen, um nur einen Hauch der Freiheit halten zu können.

Gelassen raschelten die Blätter in der Abendbrise, tanzten noch bevor sie vor Kälte fallen und in die Erde übergehen würden; erinnerten uns mit Wehmut daran, dass dem Neuanfang das Ende vorausgeht, dass das Herz brechen muss, um zu wachsen.

Schließlich dachten wir beruhigt an das immerzu hoffende Gänseblümchen und schliefen friedlich unter dem aprikose-glitzernden Sternenhimmel ein; in unseren Träumen leuchteten die Sterne golden.

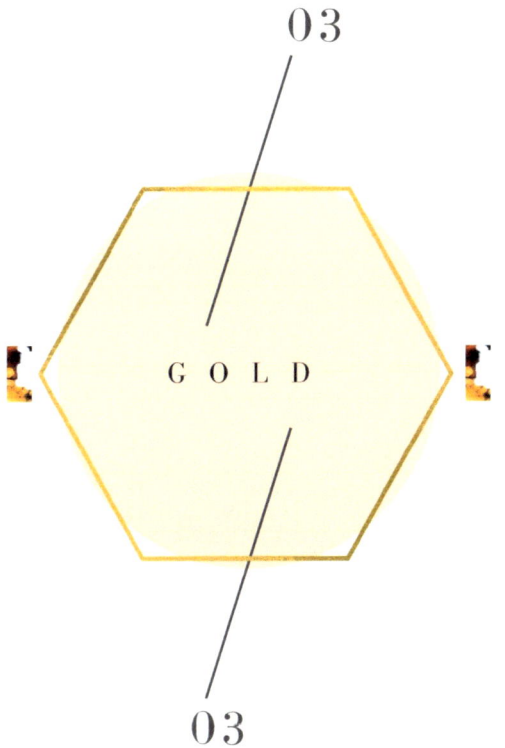

03

GOLD

03

Romanze

Ich suche in deinen Augen nach dem Meer,
das mich zieht.
Wo hast du seine Küste gesetzt?
Mit deinen Gedanken,
mit deinem Herz,
mit deiner Seele?
Welch' salzige Brise benetzt meine Haut
so unerlässlich mild?

Ich bin wie die Anemone,
die giftig schön in deiner Tiefe blüht.
Ich bin wie die Möwe,
die über deine Größe schwebt.

Meer, lass mich treiben
durch deine unendlichen Weiten.
Umspüle meine Sehnsucht,
durchfließe mein Sein,
überschwemme meinen Verstand.

Ich sehe es in naher Ferne,
in ferner Nähe sehe ich es
und warte, dass du es mir zeigst,
mit einer subtilen Quelle,
mit einem kleinen Brunnen,
mit einem geschliffenen Stein:
Auf alles werde ich schauen,
während ich durch die Wüste
deiner Zurückhaltung gehe.

Worte, Sätze, Episoden
der Zeit unserer Gemeinsamkeit
kann ich nicht vergessen,
soll ich nicht vergessen.
Sie sind die Regentropfen,
die zurück in den Himmel wollen.
Sie sind des Regenbogens Farben,
die niemals verblassen sollen.
Doch unter den vielen, ist es nicht einfach.
Es ist nicht einfach unter den vielen.
Damit sie nicht leise sterben, fange ich sie auf,
Damit sie nicht traurig streben, nehme ich sie an,
um sie meinen Träumen zu schenken.
um sie mit auf meine Reise zu nehmen.

Schwärmend durchstreife ich alle Orte
bis ich das milde Rauschen höre,
um angekommen, ehrfürchtig und stolz
deine schillernde Anmut zu betrachten.

Sag mir, magst du meinen hellen
Schatten auf deiner Oberfläche?
Gefällt dir das laute Lachen,
das dein Wasser durchdringt?

Schlage Wellen, stehe still.
Doch was du auch tust,
tue es mit deinem Willen.
Tag und Nacht werde ich da sein,
gestrandet auf einer Insel,
die mir Raum zum Leben lässt.
Versunken an einem Riff,
das mein Feuer funkeln lässt.

Vielleicht will ich unter tausend
Gefahren aus deiner Tiefe tauchen,
aus diesem faszinierenden Ozean
scheinen, um zu sehen, weshalb er
blaue, grüne oder schwarze Wogen wählt.

Vielleicht will ich mit tausend
Tropfen in dein Meer tauchen,
in diesem hinreißenden Ozean
schwimmen, weil nur für ihn
Sonne, Mond und Sterne leuchten.

Vielleicht.

Sanftheit

Welch' Sanftheit
meinen Körper verhüllt.
Es wächst ein Herz
voll Ruhe in mir.

Leiser Schmerz
und stilles Trauern
rauschen in mir. -
Eine Vollendung der Suche.

Ich suchte nach Erfüllung,
nach dem Ende
meiner Fragen,
meiner Sehnsüchte.

Gewissheit wimmert
und liebkost meine Stirn.
Das Weinen lindert weich
mein mich zerreißendes Lachen. -

Vorbei ist der Stillstand.
Feinde weisen mir den Weg,
der meiner Fröhlichkeit
Ausdruck verleiht.

Fasern einer Vision
umhüllen die gegenwärtige
Realität,
so dass diese Sanftheit
mein Sein erfüllen kann.

Ich bin beruhigt
von Enttäuschungen,
gereinigt von
allen Verleugnungen,
wandle unbeschwert
auf dieser kurvigen
Schneide, die sich
Leben nennt.

Fängt mich das Leben
oder fange ich es ein?
Tausend Donnerschläge,
einfach weggepustet.
Geballte Elektrizität:
Nicht mehr existent!
Wer ist dieses Leben
und wer bin ich?

Geh' immerzu, kleines Mädchen,
bis die Frau deine Hand nimmt.
Glühe, junger Stern, auch wenn
der Komet dein Licht dimmt.

Wir haben jetzt die Ruhe,
die der Zukunft Federn baut.
Keine Eile, kein Zittern:
Freiheit kann man wittern.

Frisch vermählt

Wenn die Tanten gehen,
wird Henna Blumen nähen.
Wenn Gewänder wehen
im sandigen Wind.

Lautes Weinen, lautes Lachen.
Die drei Tanten werden
über alles wachen.
Helles Gewand, wacher Geist.

Laute Musik, rhythmisches Schreien
Können ganze Völker befreien.
Ziehen durch ihr Ersehntes,
durch noch nicht Erwähntes.

Halte die Bürde, junge Braut.
Halte sie, wenn Gefrorenes taut.
Gebäre sie durch deine Lenden.
Schütze sie mit deinen Händen.

Schöpfe das Blut und
binde den Sand.
Nimm deine Diamanten,
nimm dein Gold,
lauft gemeinsam,
wohin ihr wollt.

Samhain

Gleich Schneeflocken
fallen gelbe Blätter
der Ulme in
milchiges Mondlicht
den dunklen Schornstein
hinab.
Nachtlichter der
Hoffnung schimmern
rot in
Wirklichkeit.

Sag mir, Zeit,
Hast du mich über?
Fliegen wollte ich auf
deinem Blatt,
singen in hohem Flug.
Sag mir Raum,
bin ich dir zu viel?
Wolltest mich doch einst
größer haben
als den Rauch aus
deinem Feuerkessel.

Schwarz gefiederte Gefährten
schreien um Mitternacht
wenn meine sieben Körper
im Weltenaggregat flimmern.
Fallen will ich
wie der Schnee,
leise, sacht,
im Stillen schmelzen,

einzig bedacht
meiner treuen Zeugen -
für andere
ewig unsichtbar.
Kalte Rauchzeichen
benebeln die Welt.

Weine nicht um mich, Nacht,
Blut geleckt hat die Macht.
Bedenke den Schnee,
der zu braunem
Wasser wird.
Schwelge im Wirbeln
der gelben Flieger.
Sieh nur!
Samhain blinzelt durch
glitzernde Augen,
seine Wangen
wimmern wund,
rotfeucht
zischt er Laute
aus der Anderswelt.

Hexenmutter, gib mir Kraft:
Von innen zerreißt mir
die Endlichkeit.
Nimm mich mit
auf deinem Ritt
durch die Sphären.
Schlagen wir Flügel
zum Mond,
lassen die roten Tropfen
unserer Herzen

auf die Maskengesichter
niederregnen.
Schießen mit den Kometen,
glänzen mit den Sternen,
wandern mit dem Universum
von Gelb nach Gold.

Weisedunkle Klauen
der Schwesternkrähen
gefrieren uns ins Zurück.
So fallen wir weiße
Schneeflocken,
werden rosa im Blut der
zerdrückten
Kinderträume.
Sinken in den Grund
als schmutzige Kreaturen,
finden das Feuer,
schauen wohlig
auf die Uhr,
wärmen die goldenen
Flieger
für das Danach,
warten in
Samhain's Ruhe
bis die Macht erfriert.

Mutterwerden

Ich trauere um die junge Frau,
die ich einst war;
erschrak, dass die Jugend in
genau
abgezählter
Zeit
verrinnt
in meinem Seelenjahr;
weine, dass wir nicht mehr sind,
weil ich ein Kind gebar. -

Nur die Menschen, die
den Wandel meiden,
werden im Leben
ewig leiden.

Deshalb nehme ich dich mit
in meine Erinnerung,
ehre unsere Verwindung,
dass du mir bedingungslose Freiheit,
und deine Leichtigkeit schenkst;
schaffe Raum und Zeit für ein
neues Wesen;
vertraue, dass du dich
mit der Mutter
in mein Leben verschränkst;
unser Gedeihen anerkennst.

Goldklingeln

Es sind Goldklingeln mit bunten Perlen, die man um die Hüfte legt und mit feinem Garn zu einem Knoten zusammen bindet. *Klimbim, Klimbim!*

Sie klimpern und perlen die schmerzhaften Erfahrungen ab, während die Hüfte geschmeidig kreist. Jede Frau kennt den stichelnden Dreck, den sie als junge Unschuld einatmen musste. Rückblickend stampft sie dann schnaubend auf und sieht, wie er sich als Staub in Luft auflöst oder dort ablegt, wo kein Leben mehr ist. Die Frau kann gebären, kann nähren, ist Körper und Natur.

Die kleinen Glöckchen klingen wie Feenstaub im verschneiten Frühling: *Klimbim, Klimbim!* „Alles, was uns Frauen passierte, gehört zum individuellen und kollektiven Schmiedeprozess", frohlocken sie. „Alles, was du lebst, Mädchen, gibt dir auch die Möglichkeit etwas Wertvolles in dir auszuformen! *Klimbim, Klimbim!*"

Wir Frauen galoppieren in dieselbe Zukunft, auf verschiedenen Wegen bewegen wir uns nebeneinander her, voneinander weg und zueinander hin. Die große Muttergöttin ist transversal. Schweigen ist Gold. Die Frau redet viel, soll sie doch still an der Seite des Mannes gehen. Reden ist Silber. Das Silbergesteck gab es von den Schwiegereltern zur Hochzeit, damit Reichtum, Schönheit und Harmonie in die Ehe eingehen. *Klimbim, Klimbim!*

Spare deine Silben für das, was wichtig ist. Zum Beispiel, für die Gefühle des Mädchens, der Frau an sich. Spreche von der zarten Seele und der unerbittlich fordernden Natur; vom unausweichlichen Werden.

In der Union, für das Kind, im Körper ist die Sprache der Frau universal. Jedes einzelne Wort ist ausgewählt wie der kostbare Goldschmuck, den man an einem besonderen Tag anlegt.

Auf dieser wunderbaren Feier sind wir nicht allein. Wir begegnen uns, um den mystischen Verlauf zu ehren, der uns einleuchtend darlegt, dass Reden Gold sein kann, wenn wir uns fortwährend manifestieren, die Welt aus unserer Perspektive beschreiben und sie nach unserem Maß und in unserem Sinne umbauen. *Klimbim, Klimbim!*

Wage es, Mädchen, liebe dein Licht und deinen Schatten! Lebe die Verwandlung, werde zu Gold, sei eine Frau!

Über die Autorin.

Manou Fines schreibt Gedichte,
Lieder und Geschichten.

Goldklingeln ist ihre erste, selbstveröffentlichte
Sammlung von Texten und Gedichten.

Blog: www.manoufines.com
E-Mail: manoufines@gmail.com